This book belongs to:

_____

Published by Ladybird Books Ltd
A Penguin Company
Penguin Books Ltd, 80 Strand, London WC2R 0RL, UK
Penguin Books Australia Ltd, Camberwell, Victoria, Australia
Penguin Books (NZ) Ltd, Cnr Airbourne and Rosedale Roads, Albany, Auckland, 1310, New Zealand

1 3 5 7 9 10 8 6 4 2

Printed in Italy

Say the sound

Written by **Claire Llewellyn**

Illustrated by **Katherine Lucas**

Ladybird

Say the sound e

Children build their vocabulary from an early age by listening and talking. Long before children can read and write, they have stored up a vast memory of words as *sounds*. When they come to read words in print, they have to make the connection between the printed word and the sounds they already know.

This book concentrates on finding and differentiating between the short vowel sound **e** (as in **e**gg) and the long vowel sound **e** (as in **e**agle) within words.

Have fun playing with letter sounds

- Find objects around the home that have short and long **e** sounds in them.

- Enjoy singing nursery rhymes highlighting the **e** sounds, such as 'I'm a little teapot' and 'Teddy Bear, Teddy Bear'.

- Some children may be ready to learn how other letters affect the **e** sound. For example, look at what happens to the letter **e** when it is followed by the letter **a** (such as in t**ea**pot, p**ea**s, s**ea** and so on).

- Look at the pictures in this book. Can your child find the real objects in the world around them? For example, relating a picture of an egg to a real egg.

Say the sound **e**.

Look at the picture.
What can you see?

Say the short **e** sound in

zebra

Look at the word.
What does it say?

Can you point to the
sound **e** in the word?
What other words have
the sound **e** in them?

More from the Sounds and Pictures series

Finding sounds within words helps children to prepare for
reading and writing. This series focuses on initial letter
sounds and more short and long vowel sounds within words:

Say the **alphabet** sounds
Say the sound **a** (as in b**a**g and c**a**ke)
Say the sound **i** (as in p**i**n and k**i**te)
Say the sound **o** (as in c**o**t and b**o**at)
Say the sound **u** (as in c**u**p and s**u**permarket)

Say the short **e** sound in

egg

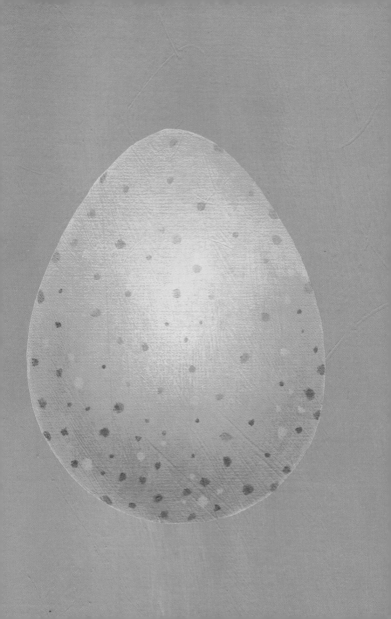

Say the short **e** sound in

tent

Say the short **e** sound in

lemon

Say the short **e** sound in

zebra

Say the short **e** sound in

red

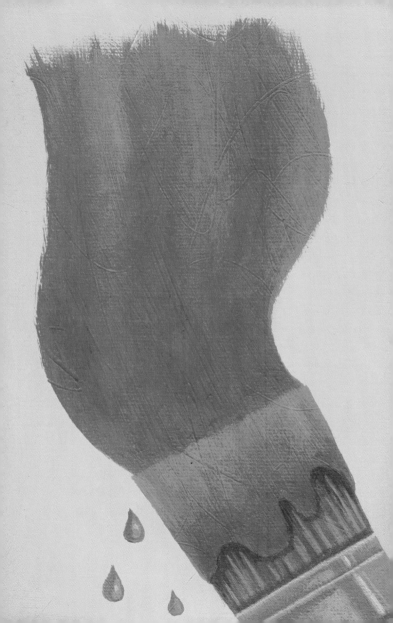

Say the short **e** sound in

penguin

Say the short **e** sound in

nest

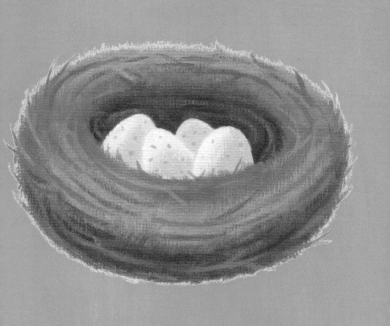

Say the short **e** sound in

jelly

Say the short **e** sound in

bed

Say the short **e** sound in

hen

Say the short **e** sound in

yellow

Say the short **e** sound in

web

Say the short **e** sound in

fence

Look at the pictures.

What can you see?

Can you say the short **e** sound in these words?

Now say the long **e** sound in

eagle

Say the long **e** sound in

teapot

Say the long **e** sound in

seal

Say the long **e** sound in

leaf

Say the long e sound in

keys

Say the long **e** sound in

deer

Say the long **e** sound in

peas

Say the long **e** sound in

bee

Look at the pictures.

What can you see?

Can you say the long *e* sound in these words?